escola - Szkoła	2
viatge - Podróż	5
transport - Transport	8
ciutat - Miasto	10
paisatge - Krajobraz	14
restaurant - Restauracja	17
supermercat - Supermarket	20
begudes - Napoje	22
menjar - Jedzenie	23
granja - Gospodarstwo chłopskie	27
casa - Dom	31
sala d'estar - Pokój dzienny	33
cuina - Kuchnia	35
bany - Łazienka	38
cambra de nen - Pokój dziecięcy	42
roba - Ubiór	44
oficina - Biuro	49
economia - Gospodarka	51
oficis - Zawody	53
eines - Narzędzia	56
instrument de música - Instrumenty muzyczne	57
zoo - Zoo	59
esports - Sport	62
activitats - Działania	63
família - Rodzina	67
cos - Ciało	68
hospital - Szpital	72
urgència - Nagły przypadek	76
terra - Ziemia	77
rellotge - Zegar	79
setmana - Tydzień	80
any - Rok	81
formes - Kształty	83
colors - Kolory	84
oposats - Przeciwieństwa	85
nombres - Liczby	88
llengües - Języki	90
qui / què / com - kto / co / jak	91
on - gdzie	92

Impressum
Verlag: BABADADA GmbH, Nedderfeld 112 , 22529 Hamburg
Geschäftsführer / Verlagsleitung: Harald Hof
Druck: Books on Demand GmbH, In de Tarpen 42, 22848 Norderstedt

Imprint
Publisher: BABADADA GmbH, Nedderfeld 112 , 22529 Hamburg, Germany
Managing Director / Publishing direction: Harald Hof
Print: Books on Demand GmbH, In de Tarpen 42, 22848 Norderstedt

escola
Szkoła

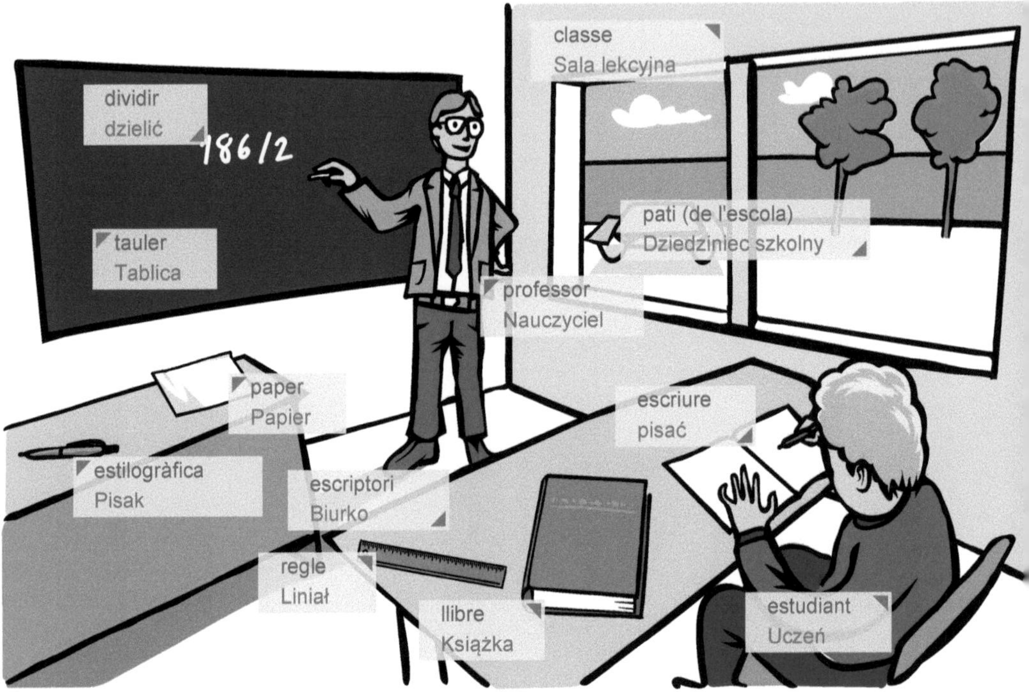

classe
Sala lekcyjna
dividir
dzielić
186/2
tauler
Tablica
pati (de l'escola)
Dziedziniec szkolny
professor
Nauczyciel
paper
Papier
escriure
pisać
estilogràfica
Pisak
escriptori
Biurko
regle
Liniał
llibre
Książka
estudiant
Uczeń

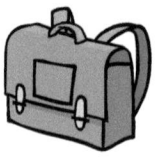

bossa

Plecak szkolny

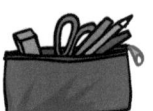

estoig

Piórnik

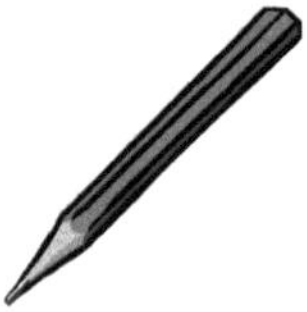

llapis

Ołówek

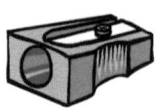

maquineta de fer punta

Temperówka

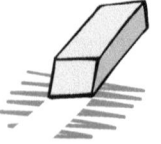

goma

Gumka do mazania

bloc de dibuix

Blok rysunkowy

dibuix

Rysunek

pinzell

Pędzel

capsa de pintures

Pudełko z akwarelami

tisores

Nożyce

cola

Klej

quadern d'exercicis

Książka do ćwiczenia

deures

Zadanie domowe

nombre

Liczba

afegir

dodawać

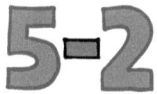

sostreure

odejmować

multiplicar

mnożyć

calcular

liczyć

lletra

Litera

alfabet

Alfabet

mot

Słowo

text
Tekst

llegir
czytać

guix
Kreda

lliçó
Godzina

llibre de classe
Dziennik lekcyjny

examen
Egzamin

certificat
Świadectwo

uniforme escolar
Mundurek szkolny

formació
Wykształcenie

enciclopèdia
Leksykon

universitat
Uniwersytet

microscopi
Mikroskop

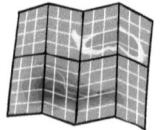

mapa
Mapa

paperera
Kosz na odpadki

viatge
Podróż

hotel
Hotel
Grand
alberg
Schronisko
ROOMS
oficina de canvi
Kantor wymiany walut
EXCHANGE
maleta
Walizka
automòbil
Auto

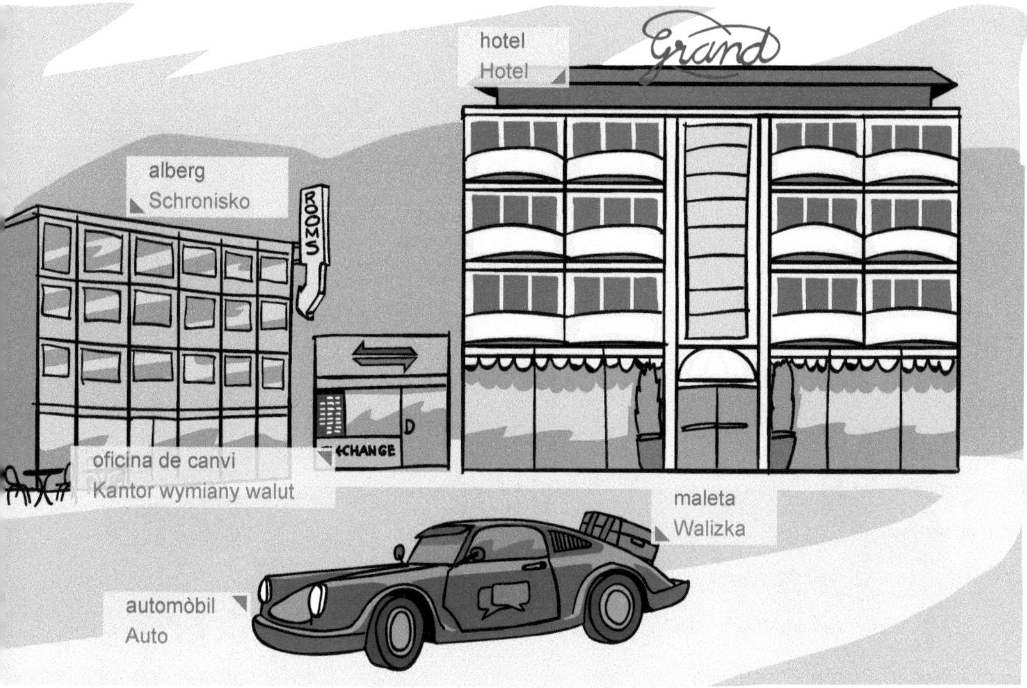

llengua

Język

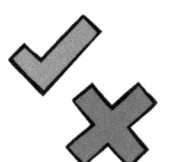

sí / no

tak / nie

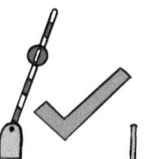

D'acord

OK

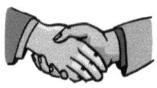

Ey!

Halo

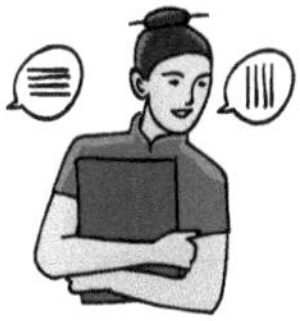

traductora

Tłumacz

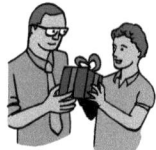

gràcies

Dziękuję

Quant costa… ?

Ile kosztuje …?

No entenc

Nie rozumiem

problema

Problem

Bona nit!

Dobry wieczór!

bon dia!

Dzień dobry!

bona nit!

Dobranoc!

fins aviat

Do widzenia

direcció

Kierunek

bagatge

Bagaż

bossa

Torba

sarrona

Plecak

convidat

Gość

cambra

Pokój

sac de dormir

Śpiwór

tenda

Namiot

oficina de turisme

Informacja turystyczna

platja

Plaża

carta de crèdit

Karta kredytowa

esmorzar

Śniadanie

dinar

Obiad

sopar

Kolacja

bitllet

Bilet

ascensor

Winda

segell

Znaczek na list

frontera

Granica

duana

Cło

ambaixada

Ambasada

visat

Wiza

passaport

Paszport

transport
Transport

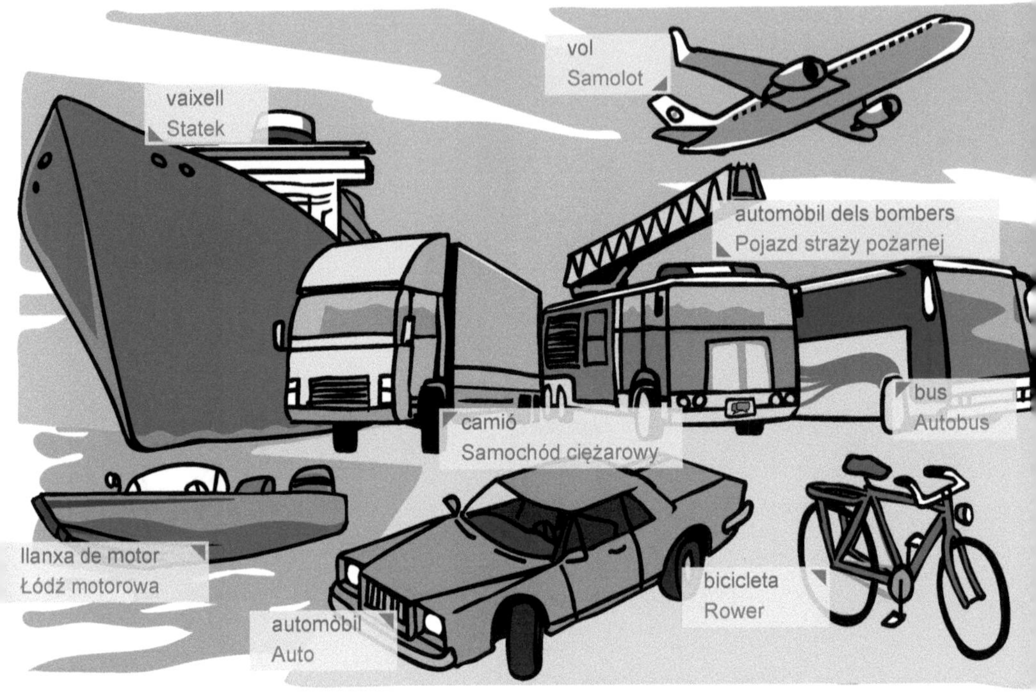

vol
Samolot
vaixell
Statek
automòbil dels bombers
Pojazd straży pożarnej
bus
Autobus
camió
Samochód ciężarowy
llanxa de motor
Łódź motorowa
bicicleta
Rower
automòbil
Auto

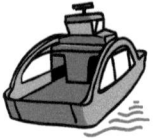

transbordador

Prom

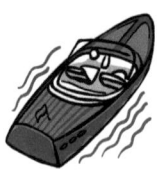

barca

Łódź

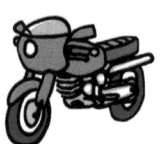

moto

Motocykl

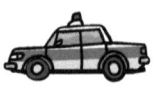

automòbil de policia

Radiowóz policyjny

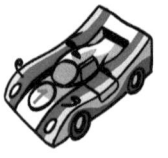

automòbil de curses

Samochód wyścigowy

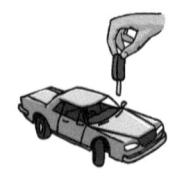

automòbil de lloguer

Samochód wypożyczony

vehicle compartit

Wspólne przejazdy samochodem

grua

Samochód pomocy drogowej

camió de les escombraries

Śmieciarka

motor

Silnik

benzina

Benzyna

benzineria

Stacja benzynowa

senyal de trànsit

Znak drogowy

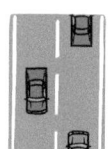

trànsit

Ruch

embús

Korek

aparcament

Parking

estació de trens

Dworzec

vies

Szyny

tren

Pociąg

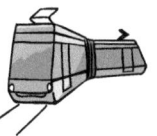

tramvia

Tramwaj

vagó

Wagon

helicòpter

Helikopter

aeroport

Lotnisko

torre

Wieża

passatger

Pasażer

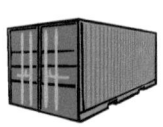

contenidor

Kontener

capsa de cartó

Karton

carretó

Taczka

cistella

Kosz

enlairar-se / aterrar

startować / lądować

ciutat

Miasto

poble

Wieś

centre de la ciutat

Centrum miasta

casa

Dom

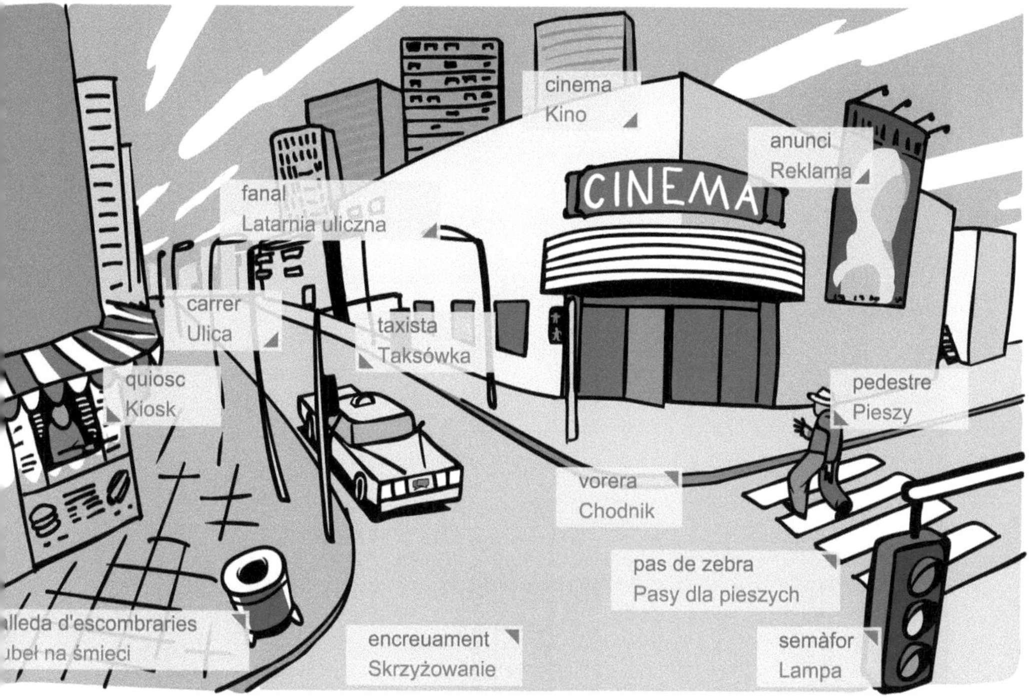

CINEMA

cinema / Kino

anunci / Reklama

fanal / Latarnia uliczna

carrer / Ulica

taxista / Taksówka

quiosc / Kiosk

pedestre / Pieszy

vorera / Chodnik

pas de zebra / Pasy dla pieszych

...lleda d'escombraries / ...beł na śmieci

encreuament / Skrzyżowanie

semàfor / Lampa

cabana
Chata

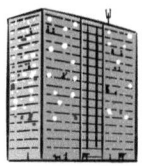

apartament
Mieszkanie

estació de trens
Dworzec

casa de la vila-ciutat
Ratusz

museu
Muzeum

escola
Szkoła

universitat

Uniwersytet

banca

Bank

hospital

Szpital

hotel

Hotel

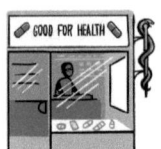

farmàcia

Apteka

oficina

Biuro

llibreria

Księgarnia

botiga

Sklep

floristeria

Kwiaciarnia

supermercat

Supermarket

mercat

Rynek

gran magatzem

Dom towarowy

peixateria

Sklep z rybami

centre comercial

Centrum handlowe

port

Port

parc
Park

banc
Ławka

pont
Most

escala
Schody

metro
Metro

túnel
Tunel

parada d'autobús
Przystanek autobusowy

bar
Bar

restaurant
Restauracja

bústia de correu
Skrzynka na listy

senyal indicador
Tabliczka z nazwą ulicy

parquímetre
Parkometr

zoo
Zoo

piscina
Łaźnia

mesquita
Meczet

granja

Gospodarstwo chłopskie

pol·lució

Zanieczyszczenie
środowiska

cementiri

Cmentarz

església

Kościół

parc infantil

Plac zabaw

temple

Świątynia

paisatge
Krajobraz

fulla
Liść

cartell indicador
Drogowskaz

camí
Droga

prat
Łąka

pedra
Kamień

arbre
Drzewo

excursionista
Wędrowiec

riu
Rzeka

gespa
Trawa

flor
Kwiat

vall

Dolina

muntanya

Góra

llac

Jezioro

bosc

Las

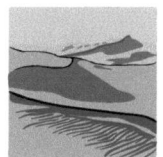

desert

Pustynia

volcà

Wulkan

castell

Zamek

arc de Sant Martí

Tęcza

bolet

Grzyb

palmera

Palma

moscard

Komar

mosca

Mucha

formiga

Mrówka

abella

Pszczoła

aranya

Pająk

escarabat

Chrząszcz

granota

Żaba

esquirol

Wiewiórka

eriçó

Jeż

llebre

Zając

òliba

Sowa

ocell

Ptak

cigne

Łabędź

senglar

Dzik

cervo

Jeleń

ant

Łoś

presa

Tama

turbina

Wiatrak

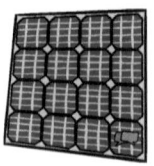

panell solar

Moduł solarny

clima

Klimat

restaurant
Restauracja

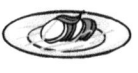

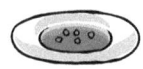

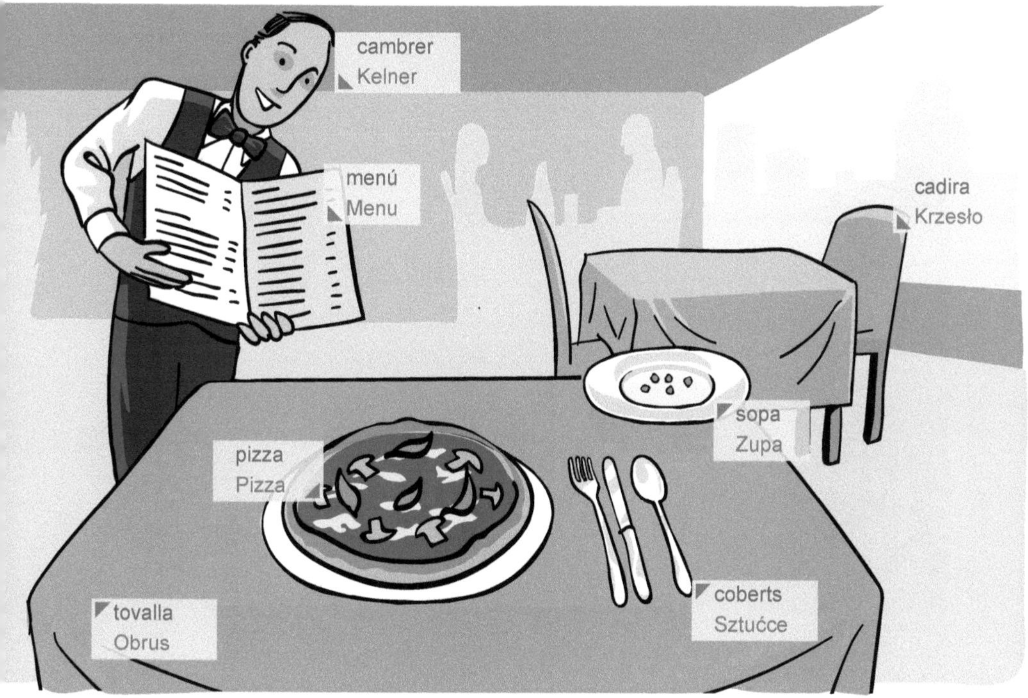
cambrer
Kelner
menú
Menu
cadira
Krzesło
sopa
Zupa
pizza
Pizza
coberts
Sztućce
tovalla
Obrus

primer plat

Przystawka

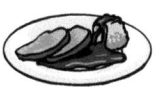

plat principal

Danie główne

darreries

Deser

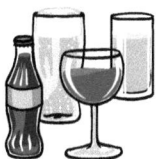

begudes

Napoje

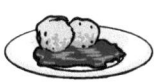

menjar

Jedzenie

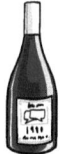

ampolla

Butelka

menjar ràpid

Fastfood

menjar de carrer

Streetfood

tetera

Dzbanek na herbatę

sucrer

Cukierniczka

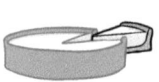

porció

Porcja

màquina d'espresso

Zaparzarka do espresso

trona

Krzesło dla dziecka

factura

Rachunek

plata

Taca

ganivet

Nóż

forqueta

Widelec

cullera

Łyżka

cullereta

Łyżeczka

tovalló

Serwetka

got

Szklanka

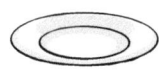

plat

Talerz

plat de sopa

Talerz do zupy

plateret

Podstawek pod filiżankę

salsa

Sos

saler

Solniczka

molinet de pebre

Młynek do pieprzu

vinagre

Ocet

oli

Olej

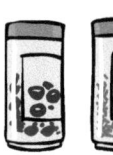

espècies

Przyprawy

quètxup

Keczup

mostassa

Musztarda

maionesa

Majonez

supermercat

Supermarket

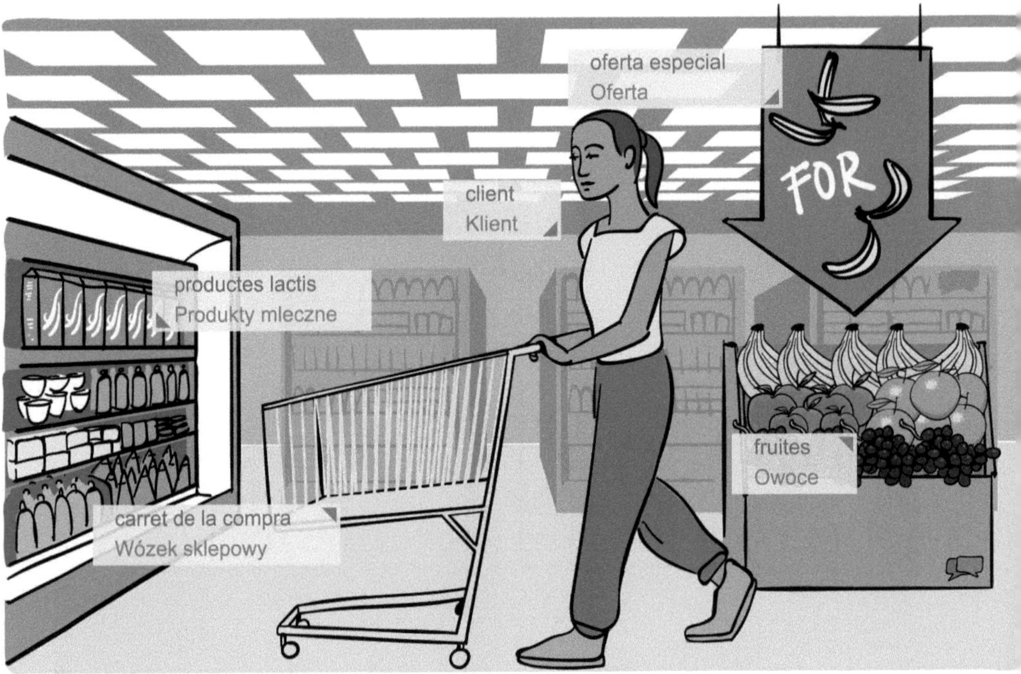

oferta especial
Oferta
FOR
client
Klient
productes lactis
Produkty mleczne
fruites
Owoce
carret de la compra
Wózek sklepowy

BUTCHERS

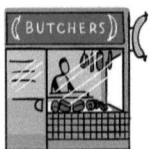

carnisseria

Rzeźnia

BAKERY

forn de pa

Piekarnia

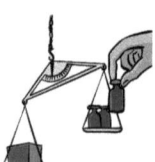

pesar

ważyć

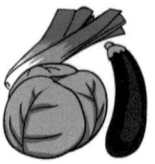

verdures

Warzywa

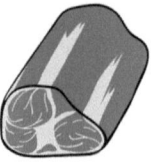

carn

Mięso

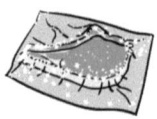

menjar congelat

Mrożonki

carn freda

Wędliny

conserves

Konserwy

detergent en pols

Proszek m do prania

dolços

Słodycze

articles domèstics

Artykuły użytku domowego

productes de neteja

Środek czyszczący

venedora

Sprzedawczyni

caixa registradora

Kasa

caixera

Kasjer

llista de la compra

Lista zakupów

horari d'obertura

Godziny otwarcia

portamonedes

Portfel

carta de crèdit

Karta kredytowa

bossa

Torba

bossa de plàstic

Torebka plastikowa

aigua

Woda

suc

Sok

llet

Mleko

coca-cola

Cola

vi

Wino

cervesa

Piwo

alcohol

Alkohol

cacau

Kakao

te

Herbata

cafè

Kawa

espresso

Espresso

cappuccino

Cappuccino

banana

Banan

poma

Jabłko

taronja

Pomarańcza

síndria

Arbuz

llimona

Cytryna

pastanaga

Marchew

all

Czosnek

bambú

Bambus

ceba

Cebula

bolet

Grzyb

avellanes

Orzechy

fideus

Makaron

espaguetis

Spaghetti

arròs

Ryż

amanida

Sałatka

patates fregides

Frytki

patates fregides

Ziemniaki pieczone

pizza

Pizza

hamburguesa

Hamburger

entrepà

Kanapka

escalopa

Sznycel

cuixot

Szynka

salami

Salami

salsitxa

Kiełbasa

pollastre

Kura

rostit

Pieczeń

peix

Ryba

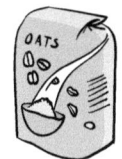

flocs de civada

Płatki owsiane

musli

Musli

cereals

Płatki kukurydziane

farina

Mąka

croissant

Croissant

panet

Bułka

pa

Chleb

torrada

Toast

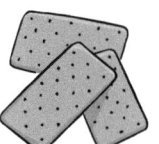

bescuits

Ciastka

mantega

Masło

mató

Twarożek

pastís

Ciasto

ou

Jajko

ou fregit

Jajko sadzone

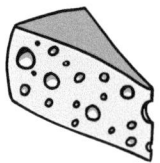

formatge

Ser

gelat

Lody

sucre

Cukier

mel

Miód

melmelada

Marmolada

crema de xocolata

Krem nugatowy

curri

Curry

granja
Gospodarstwo chłopskie

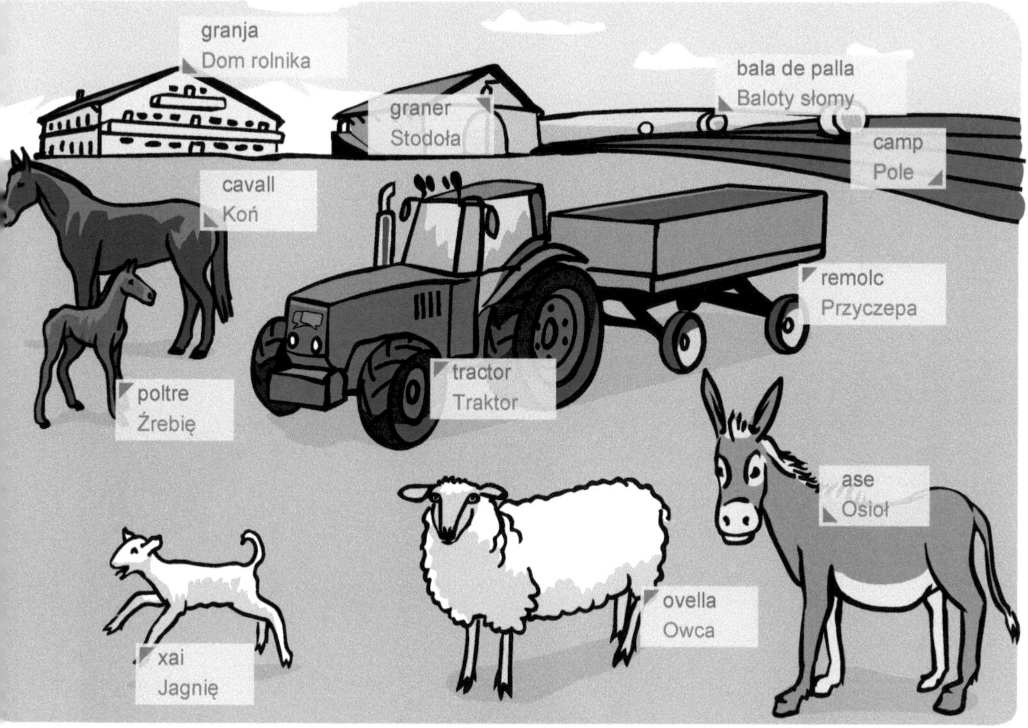
granja
Dom rolnika
graner
Stodoła
bala de palla
Baloty słomy
camp
Pole
cavall
Koń
remolc
Przyczepa
tractor
Traktor
poltre
Źrebię
ase
Osioł
ovella
Owca
xai
Jagnię

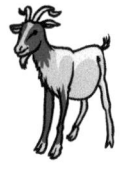

cabra

Koza

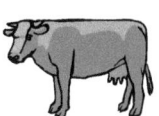

vaca

Krowa

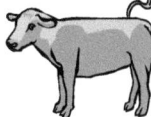

vedella

Cielę

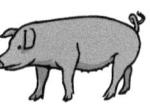

porc

Świnia

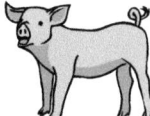

garrí

Prosię

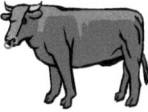

bou

Byk

oca
Gęś

ànec
Kaczka

poll
Kurczątko

gall
Kura

gallina
Kogut

rata
Szczur

gat
Kot

ratolí
Mysz

bou
Osioł

gos
Pies

gossera
Buda dla psa

mànega de regar
Wąż ogrodowy

regadora
Konewka

dalla
Kosa

arada
Pług

falç

Sierp

aixada

Graca

forca

Widły

destral

Siekiera

carretó

Taczka

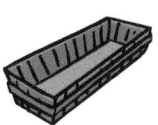

abeurador

Koryto

lletera

Kanka na mleko

sac

Worek

tanca

Płot

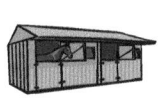

establa

Stajnia

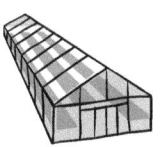

hivernacle

Szklarnia

sòl

Ziemia

llavor

Nasiona

adob

Nawóz

collidora

Kombajn zbożowy

collir

zbierać

collita

Żniwa

nyam

Podchrzyn

blat

Pszenica

soja

Soja

patata

Ziemniak

blat de moro o d'indi

Kukurydza

colza

Rzepak

arbre fruiter

Drzewo owocowe

mandioca

Maniok

cereals

Zboże

casa
Dom

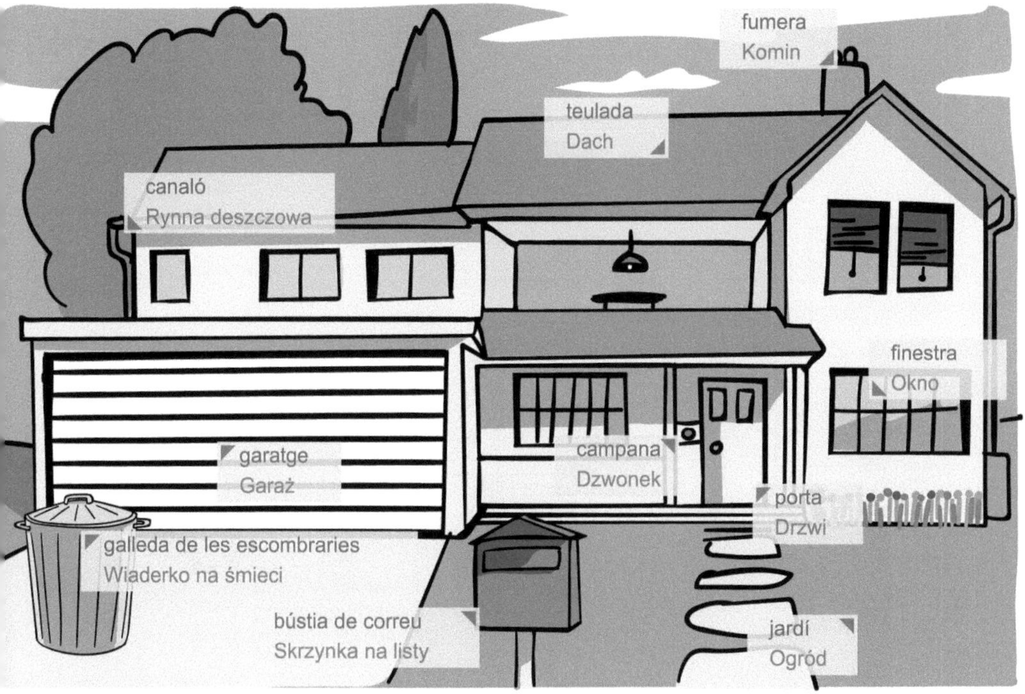
fumera
Komin
teulada
Dach
canaló
Rynna deszczowa
finestra
Okno
garatge
Garaż
campana
Dzwonek
porta
Drzwi
galleda de les escombraries
Wiaderko na śmieci
bústia de correu
Skrzynka na listy
jardí
Ogród

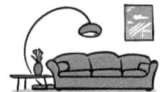

sala d'estar

Pokój dzienny

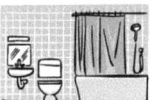

bany

Łazienka

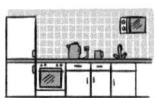

cuina

Kuchnia

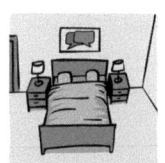

cambra de dormir

Sypialnia

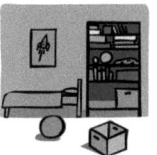

cambra de nen

Pokój dziecięcy

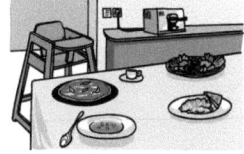

menjador

Jadalnia

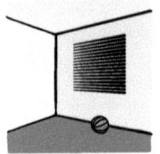

sòl

Ziemia

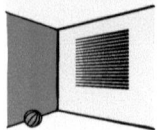

paret

Ściana

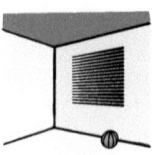

sostre

Koc

soterrani

Piwnica

sauna

Sauna

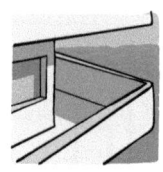

balcó

Balkon

terrassa

Taras

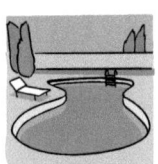

piscina

Basen

tallagespa

Kosiarka do trawy

vànova

Poszwa

cobrellit

Kołdra

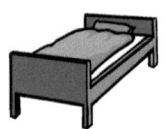

llit

Łóżko

escombra

Miotła

galleda

Wiadro

interruptor

Włącznik

sala d'estar
Pokój dzienny

paper de paret
Tapeta
quadre
Obraz
làmpada
Lampa
prestatge
Regał
armari
Szafa
televisor
Telewizor
escalfapanxes
Komin
flor
Kwiat
coixí
Poduszka
sofà
Kanapa
gerro
Wazon
telecomanda
Pilot

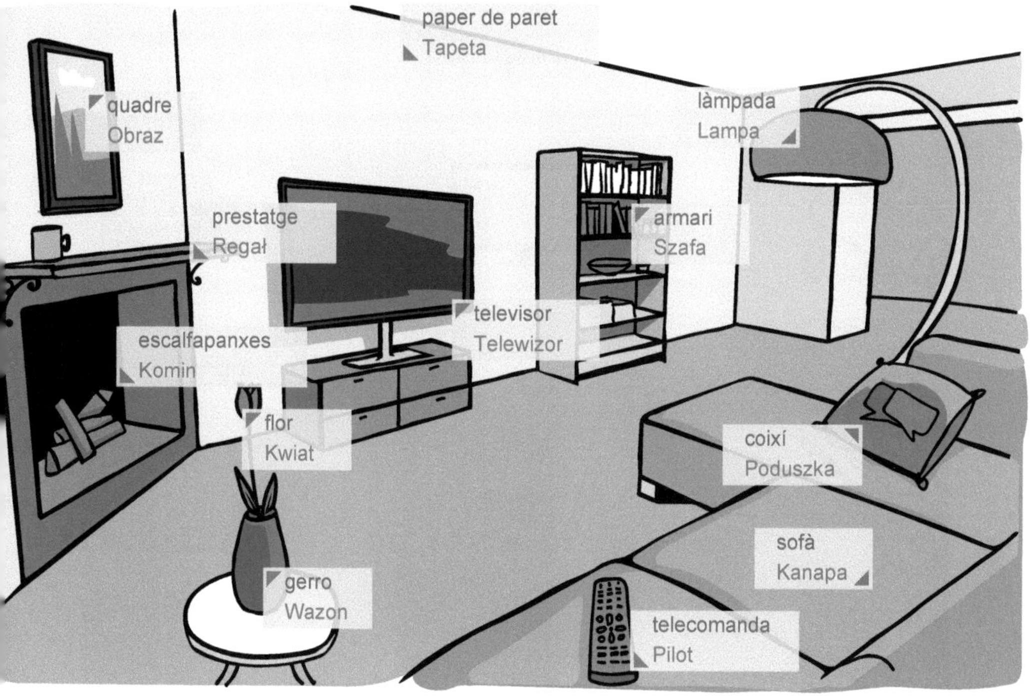

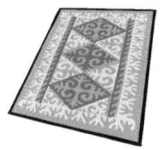

catifa
Dywan

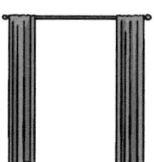

cortina
Zasłona

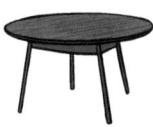

taula
Stół

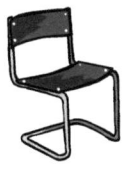

cadira
Krzesło

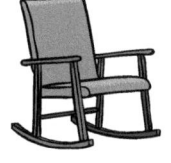

cadira gronxadora
Bujak

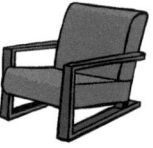

cadiral
Fotel

llibre

Książka

llençol

Sufit

decoració

Dekoracja

llenya

Drewno kominkowe

film

Film

cadena de música

Instalacja stereo

clau

Klucz

diari

Gazeta

pintura

Malunek

cartell

Plakat

ràdio

Radio

bloc de notes

Notatnik

aspiradora

Odkurzacz

cactus

Kaktus

candela

Świeczka

cuina
Kuchnia

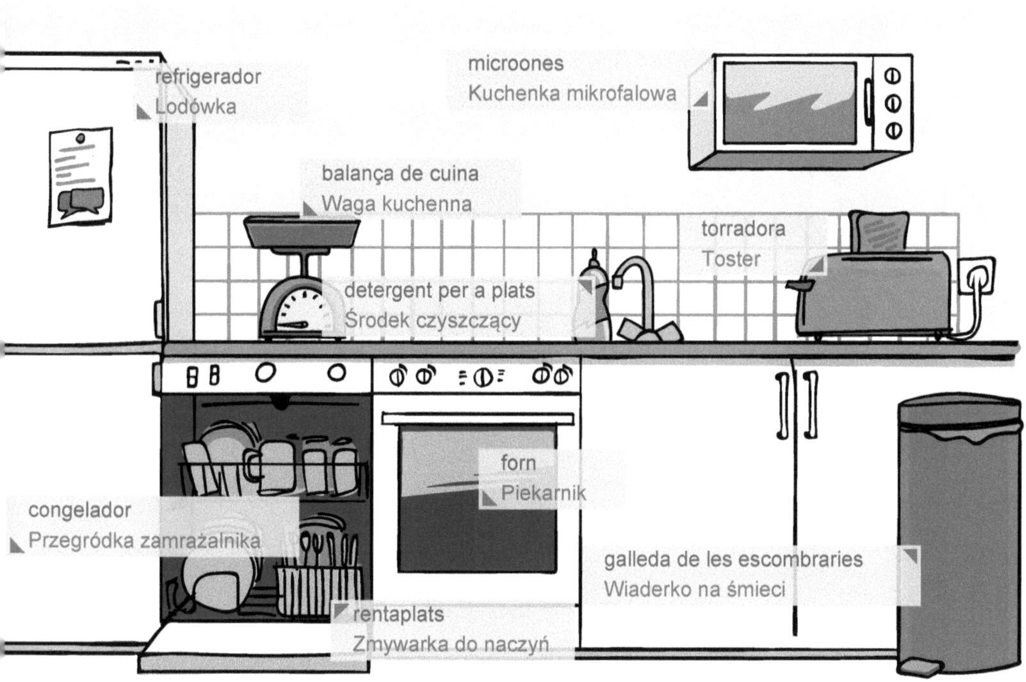

refrigerador
Lodówka
microones
Kuchenka mikrofalowa
balança de cuina
Waga kuchenna
torradora
Toster
detergent per a plats
Środek czyszczący
forn
Piekarnik
congelador
Przegródka zamrażalnika
galleda de les escombraries
Wiaderko na śmieci
rentaplats
Zmywarka do naczyń

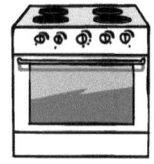

cuina de fogons

Kuchenka

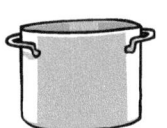

olla

Garnek

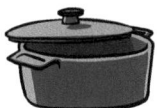

olla de ferro colat

Kocioł żeliwny

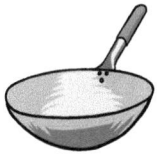

wok / karahi

Wok / Kadai

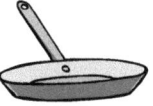

paella

Patelnia

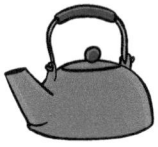

bullidor

Czajnik

olla de vapor

Parowar

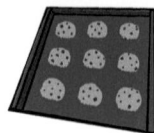

plata de forn

Blacha do pieczenia

vaixella

Naczynia kuchenne

tassa grossa

Kubek

bol

Miska

bastonets xinesos

Pałeczki

culler

Nabierka

espàtula

Łopatka do smażenia

batedor

Trzepaczka do śmietany

colador

Cedzak

sedàs

Sitko

ratllador

Tarka

morter

Moździerz

barbacoa

Grillowanie

foc a terra

Palenisko

taula de tallar

Deska

corró

Wałek do ciasta

llevataps

Korkociąg

pot de conserva

Puszka

obridor

Otwieracz do puszek

agafador

Ściereczka do trzymania garnka

aigüera

Umywalka

raspall

Szczotka

esponja

Gąbka

batedora

Mikser

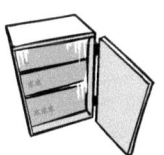

congelador

Zamrażarka

biberó

Butelka dla niemowlęcia

aixeta

Kran

bany
Łazienka

calefacció
Ogrzewanie
tovallola
Ręcznik
dutxa
Prysznic
cortina de dutxa
Kotara prysznicowa
bany de bombolles
Płyn do kąpieli
banyera
Wanna kąpielowa
got
Szklanka
rentadora
Pralka
aixeta
Kran
rajoles
Kafelki
orinal
Nocnik
aigüera
Umywalka

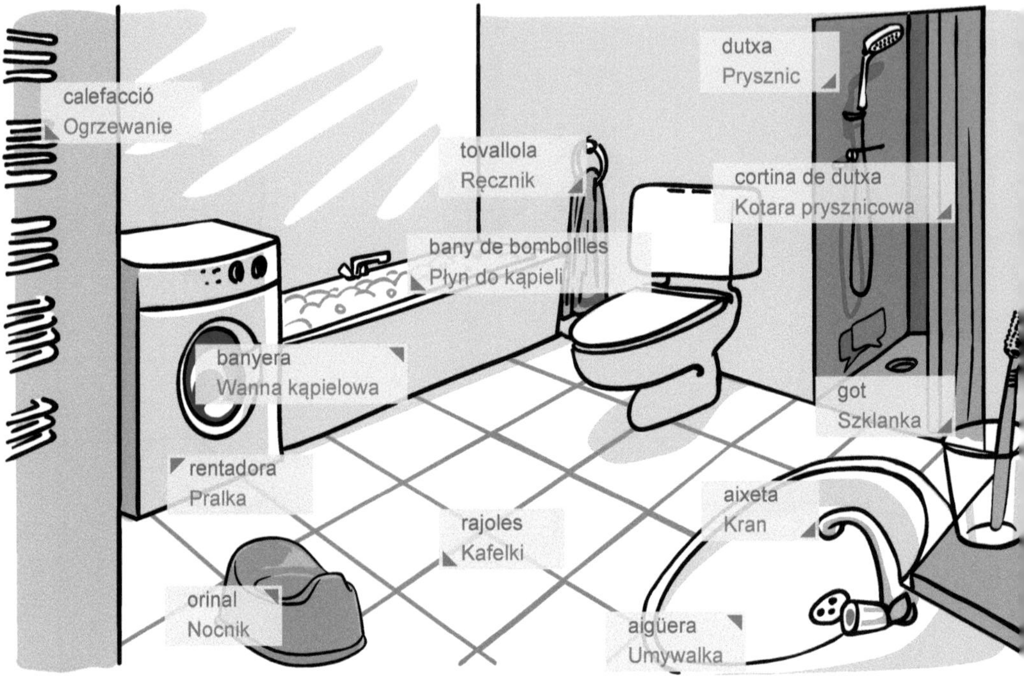

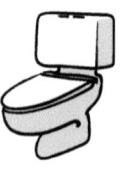

lavabo
Toaleta

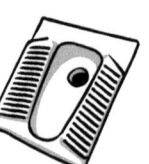

lavabo turc
Toaleta kuczna

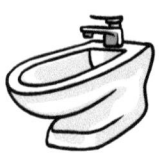

bidet
Bidet

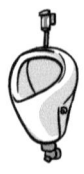

orinador
Pisuar

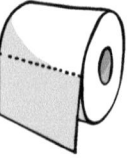

paper higiènic
Papier toaletowy

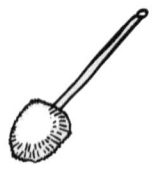

escombreta de sanitari
Szczotka toaletowa

raspall de dents

Szczoteczka do zębów

pasta de dents

Pasta do zębów

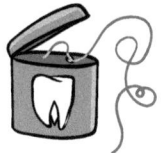

fil dental

Nitki do czyszczenia zębów

rentar

myć

pom de dutxa

Głowica prysznicowa

dutxa íntima

Płyn kąpielowy do higieny intymnej

rentamans

Miska do mycia

raspall per a l'esquena

Szczotka kąpielowa

sabó

Mydło

gel de dutxa

Żel prysznicowy

xampú

Szampon

manyopla de bany

Rękawica kąpielowa

bonera

Odpływ

crema

Krem

desodorant

Dezodorant

mirall

Lustro

mirall-espill de mà

Lustro kosmetyczne

maquineta de rasar

Golarka

espuma de barbejar

Pianka do golenia

loció post-rasada

Woda po goleniu

pinta

Grzebień

raspall

Szczotka

eixugador

Suszarka do włosów

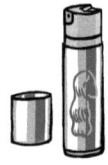

laca

Spray do włosów

maquillatge

Makijaż

pintallavis

Pomadka

esmalt d'ungles

Lakier do paznokci

cotó

Wata

tallaungles

Nożyczki do paznokci

perfum

Perfum

estoig de bellesa

Kosmetyczka

tamboret

Taboret

bàscula

Waga

barnús

Szlafrok kąpielowy

guants de goma

Rękawice gumowe

compresa higiènica

Tampon

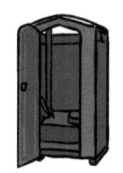

compresa

Podpaska damska

sanitari químic

Toaleta chemiczna

cambra de nen
Pokój dziecięcy

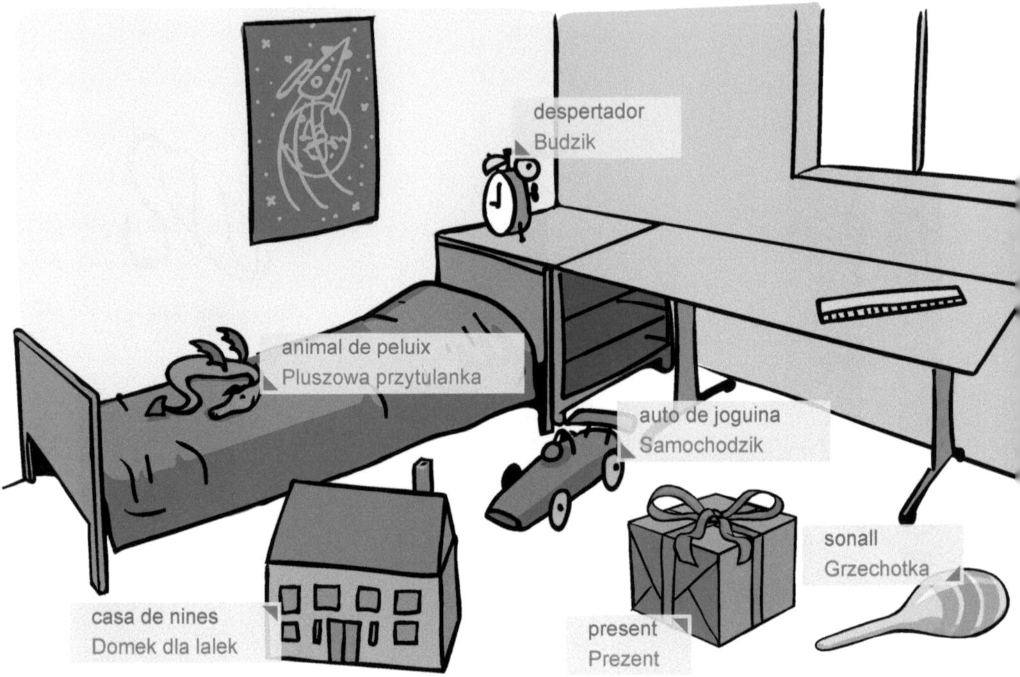
despertador
Budzik
animal de peluix
Pluszowa przytulanka
auto de joguina
Samochodzik
sonall
Grzechotka
casa de nines
Domek dla lalek
present
Prezent

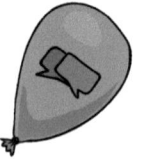

baló

Balon

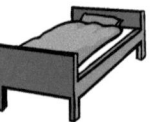

llit

Łóżko

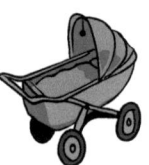

cotxet per a nens

Wózek dziecięcy

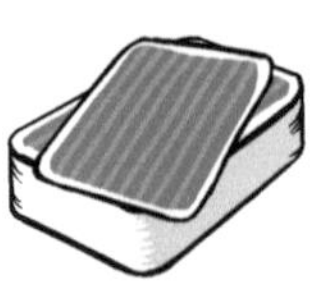

joc de cartes

Gra w karty

trencaclosca

Puzzle

SUPER MEGA

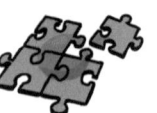

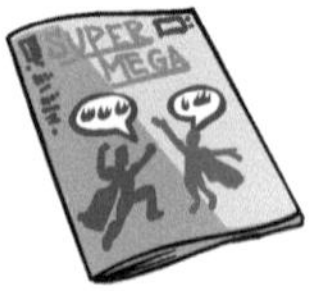

historieta

Komiks

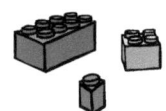

peces de lego

Klocki lego

peces de construcció

Klocki

ninot d'acció

Action figura

granota

Śpioszek dziecięcy

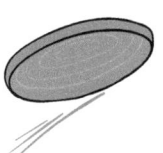

frisbee

Frisbee

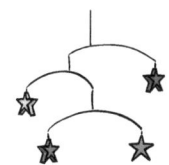

mòbil per a bressol

Zabawki ruchome

joc de taula

Gra planszowa

daus

Kości

tren elèctric

Kolejka elektryczna

xumet

Smoczek

festa

Przyjęcie

llibre de dibuixos

Książka z ilustracjami

pilota

Piłka

nina

Lalka

jugar

bawić się

sorrera

Piaskownica

gronxador

Huśtawka

joguines

Zabawki

consola de jocs de vídeo

Konsola do gier

tricicle

Rowerek trójkołowy

osset de peluix

Pluszowy miś

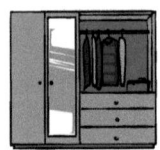

armari

Szafa ubraniowa

roba
Ubiór

mitjons

Skarpety

mitges

Pończochy

mitja pantaló

Rajstopy

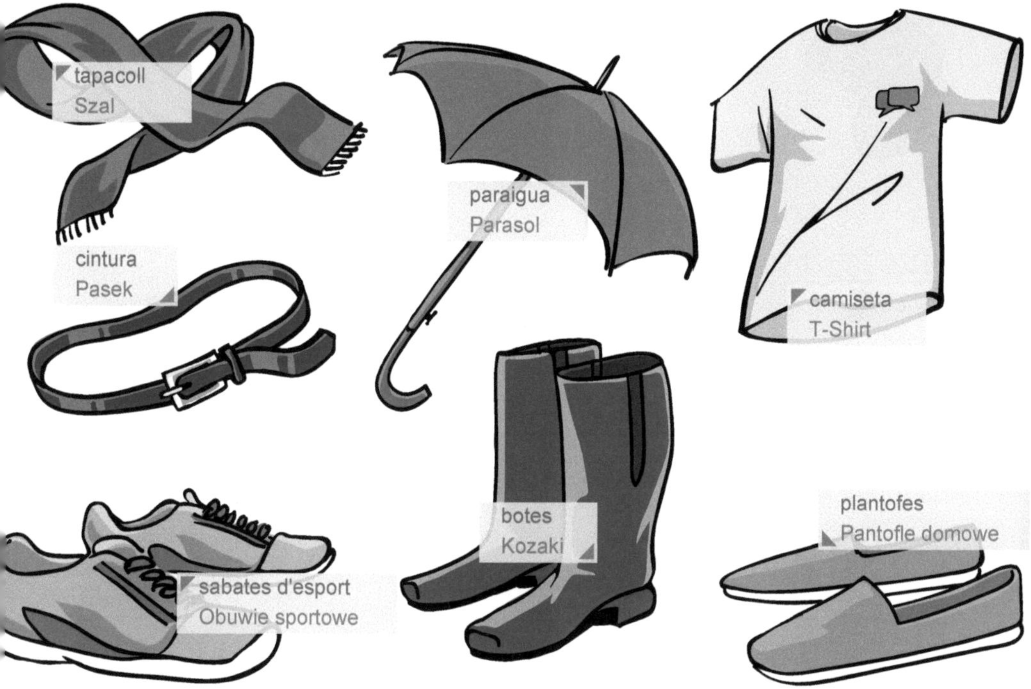

tapacoll
Szal

paraigua
Parasol

cintura
Pasek

camiseta
T-Shirt

botes
Kozaki

plantofes
Pantofle domowe

sabates d'esport
Obuwie sportowe

sandàlies
....
Sandały

sabates
....
Buty

botes de goma
....
Kalosze

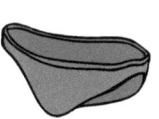

calçonets
....
Majtki

sostenidor
....
Biustonosz

guardapits
....
Podkoszulek

jjustacòs

Body

pantalons

Spodnie

jeans

Dżins

faldeta

Spódnica

brusa

Bluzka

camisa

Koszula

jersei

Pulower

dessuadora

Bluza sportowa

blazer

Marynarka

jaqueta

Kurtka

mantell

Płaszcz

impermeable

Płaszcz przeciwdeszczowy

vestit de dona

Kostium

vestit de dona

Sukienka

vestit de núvia

Suknia ślubna

vestit d'home

Garnitur męski

camisa de dormir

Koszula nocna

pijama

Piżama

sari

Sari

mocador de cap

Chusta na głowę

turbant

Turban

burca

Burka

caftan

Kaftan

abaia

Abaya

vestit de bany

Strój kąpielowy

calçon(et)s de bany

Kąpielówki

pantalons curts

Krótkie spodnie

xandall

Dres sportowy

davantal

Fartuch

guants

Rękawiczki

botó

Guzik

ulleres

Okulary

braçalet

Bransoletka

collaret

Łańcuszek

anell

Pierścionek

orellera

Kolczyk

casquet

Czapka

penjador

Wieszak

capell

Kapelusz

corbata

Krawat

cremallera

Zamek błyskawiczny

casc

Kask

elàstics

Szelki

uniforme escolar

Mundurek szkolny

uniforme

Mundur

pitet

Śliniaczek

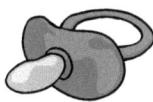

xumet

Smoczek

bolquer

Pieluszka

oficina
Biuro

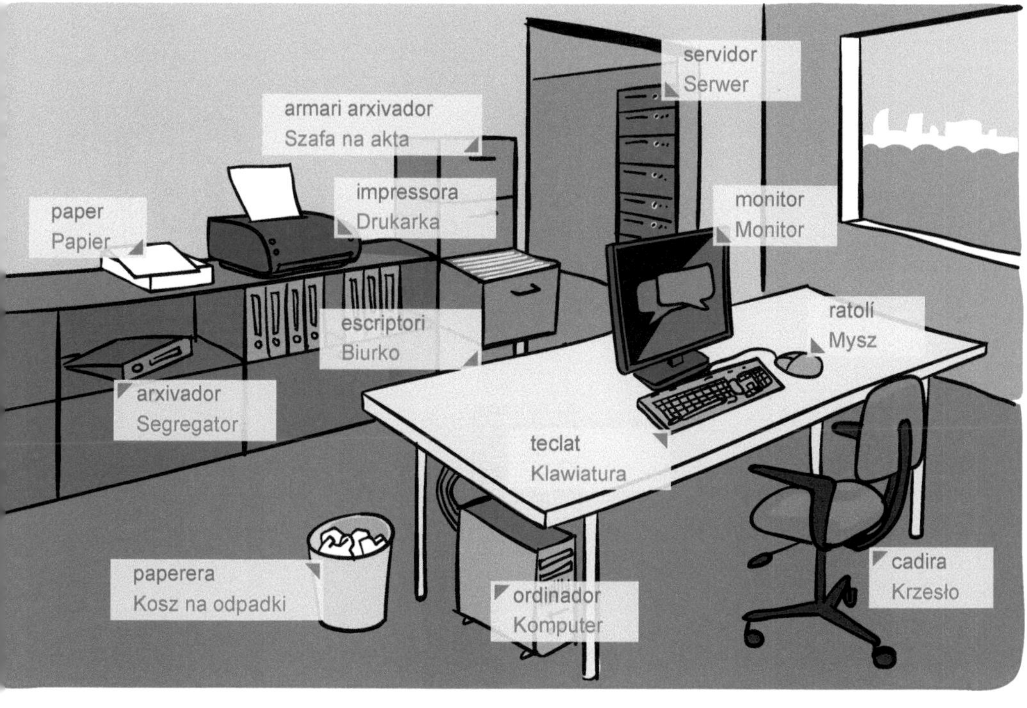

servidor
Serwer

armari arxivador
Szafa na akta

impressora
Drukarka

monitor
Monitor

paper
Papier

escriptori
Biurko

ratolí
Mysz

arxivador
Segregator

teclat
Klawiatura

paperera
Kosz na odpadki

ordinador
Komputer

cadira
Krzesło

tassa de cafè

Filiżanka do kawy

calculadora

Kalkulator

Internet

Internet

ordinador portàtil

Laptop

lletra

List

missatge

Wiadomość

mòbil

Komórka

xarxa

Sieć

fotocopiadora

Kopiarka

programari

Oprogramowanie

telèfon

Telefon

presa de corrent

Gniazdko

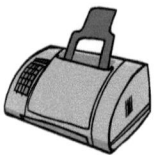

fax

Faks

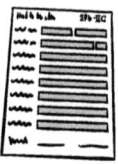

formulari

Formularz

document

Dokument

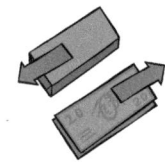

comprar
....
kupić

pagar
....
płacić

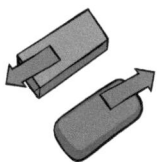

comerciar
....
postępować

diners
....
Pieniądze

USD

dòlar
....
Dolar

EUR

euro
....
Euro

JPY

ien
....
Jen

RUB

ruble
....
Rubel

CHF

franc suís
....
Frank

CNY

renminbi
....
Juan Renminbi

INR

rupia
....
Rupia

caixa automàtica
....
Bankomat

oficina de canvi

Kantor wymiany walut

or

Złoto

argent

Srebro

petroli

Olej

energia

Energia

preu

Cena

contracte

Umowa

impost

Podatek

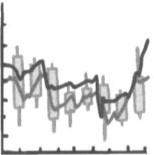

acció

Akcja

treballar

pracować

treballador

Pracownik umysłowy

empresari

Pracodawca

fàbrica

Fabryka

botiga

Sklep

economia - Gospodarka

oficis
Zawody

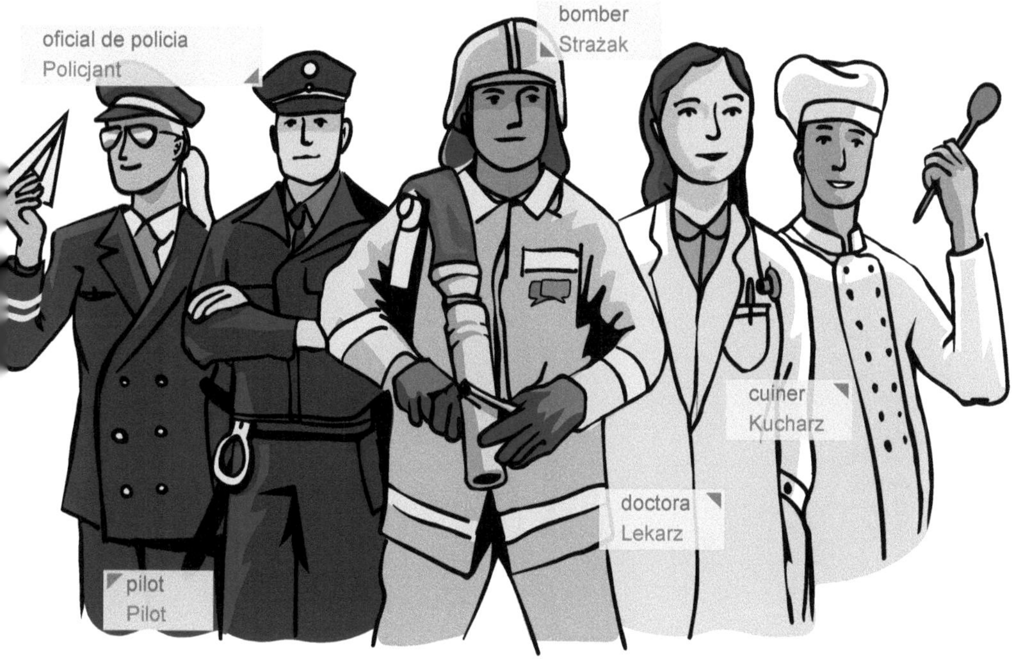
oficial de policia
Policjant
bomber
Strażak
cuiner
Kucharz
doctora
Lekarz
pilot
Pilot

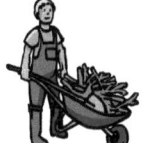

jardiner

Ogrodnik

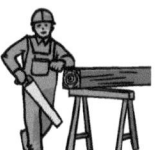

fuster

Stolarz

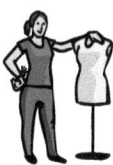

costurera

Krawcowa

jutge

Sędzia

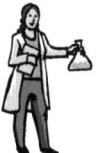

química

Chemik

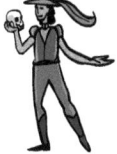

actor

Aktor

conductor d'autobús

Kierowca autobusu

taxista

Taksówkarz

pescador

Fischer

dona de la neteja

Sprzątaczka

ensostrador

Dekarz

cambrer

Kelner

caçador

Myśliwy

pintor

Malarz

forner

Piekarz

electricista

Elektryk

obrer de la construcció

Robotnik budowlany

enginyer

Inżynier

carnisser

Rzeźnik

llanterner

Instalator

correu

Listonosz

soldat

Żołnierz

arquitecte

Architekt

caixera

Kasjer

florista

Florysta

perruquer

Fryzjer

revisor

Konduktor

mecànic

Mechanik

capità

Kapitan

dentista

Dentysta

científic

Naukowiec

rabí

Rabin

imam

Imam

monjo

Mnich

capellà

Proboszcz

eines

Narzędzia

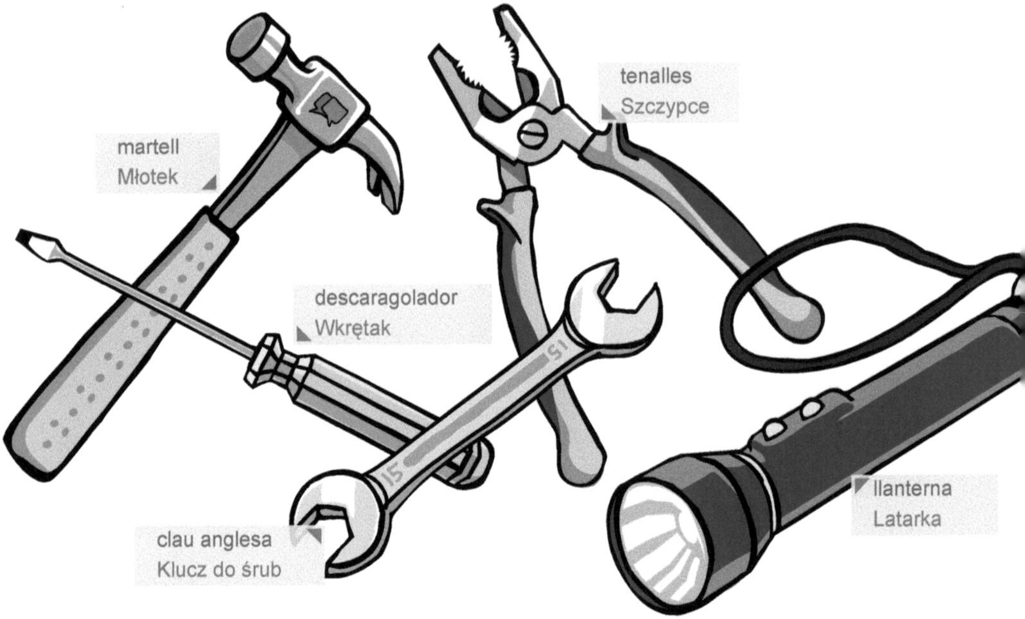

martell
Młotek
tenalles
Szczypce
descaragolador
Wkrętak
clau anglesa
Klucz do śrub
llanterna
Latarka

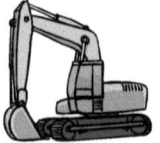

excavadora

Koparka

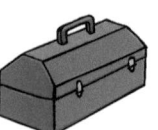

caixa d'eines

Skrzynka narzędziowa

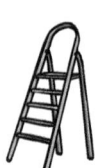

escala

Drabina

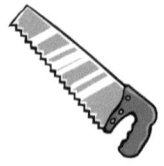

serra

Piła

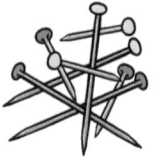

claus

Gwoździe

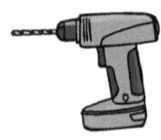

trepant

Wiertło

reparar
....
naprawić

pala
....
Łopatka

Maleït siga!
....
Cholera!

pala
....
Szufelka

pot de pintura
....
Puszka z farbą

caragols
....
Śruby

instrument de música
Instruments muzyczne

bateria
Perkusja

altaveu
Głośnik

contrabaix
Kontrabas

trompeta
Trąbka

guitarra
Gitara

piano

Pianino

violí

Skrzypce

baix

Bas

timbal

Kotły

tambor

Bęben

teclat

Keyboard

saxofon

Saksofon

flauta

Flet

micròfon

Mikrofon

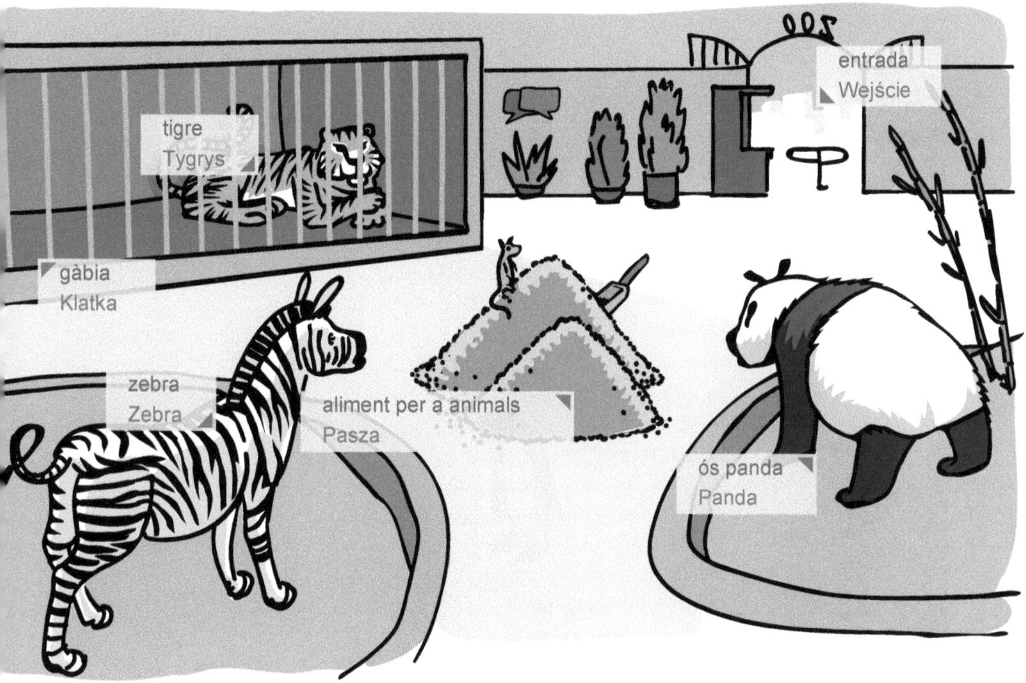

entrada
Wejście

tigre
Tygrys

gàbia
Klatka

zebra
Zebra

aliment per a animals
Pasza

ós panda
Panda

animals

Zwierzęta

elefant

Słoń

cangurú

Kangur

rinoceront

Nosorożec

goril·la

Goryl

ós

Niedźwiedź

camell

Wielbłąd

estruç

Struś

lleó

Lew

simi

Małpa

flamenc

Fleming

papagai

Papuga

ós polar

Niedźwiedź polarny

pingüí

Pingwin

ca mari

Rekin

paó

Paw

serp

Wąż

cocodril

Krokodyl

guardià del zoo

Dozorca w zoo

foca

Foka

jaguar

Jaguar

poni

Kucyk

lleopard

Gepard

hipopòtam

Hipopotam

girafa

Żyrafa

àliga

Orzeł

senglar

Dzik

peix

Ryba

tortuga

Żółw

morsa

Mors

guineu

Lis

gasela

Gazela

futbol americà
Futbol amerykański

ciclisme
Kolarstwo

tenis
Tenis

bàsquet
Koszykówka

natació
Pływanie

boxa
Boks

hoquei sobre gel
Hokej na lodzie

futbol americà
Piłka nożna

bàdminton
Badminton

atletisme
Lekka atletyka

handbol
Piłka ręczna

esquí
Narciarstwo

polo
Polo

riure
śmiać się

saltar
skakać

abraçar
objąć

anar
iść

cantar
śpiewać

somiar
marzyć

pregar
modlić się

fer un petó
całować

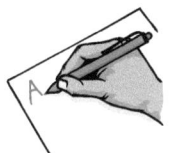

escriure
pisać

dibuixar
rysować

mostrar
pokazywać

pitjar
nacisnąć

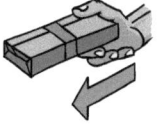

donar
dać

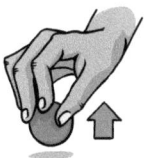

prendre
wziąć

tenir

mieć

fer

robić

ésser

być

estar dret

stać

córrer

biegać

estirar

ciągnąć

llançar

rzucać

caure

spaść

jeure

leżeć

esperar

czekać

portar

nosić

asseure's

siedzieć

vestir-se

zakładać

dormir

spać

despertar-se

budzić się

mirar

spojrzeć

plorar

płakać

amoixar

głaskać

pentinar

czesać się

parlar

mówić

comprendre

rozumieć

demanar

pytać

escoltar

słyszeć

beure

pić

menjar

jeść

endreçar

sprzątać

estimar

kochać

cuinar

gotować

conduir

jechać

volar

latać

navegar

żeglować

calcular

liczyć

llegir

czytać

aprendre

uczyć się

treballar

pracować

casar-se

wejść w związek małżeński

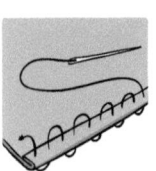

cosir

szyć

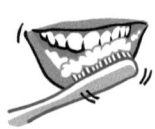

raspallar-se les dents

myć zęby

matar

zabić

fumar

palić tytoń

enviar

wysłać

àvia
Babcia

avi
Dziadek

pare
Ojciec

mare
Matka

nadó
Niemowlę

filla
Córka

fill
Syn

convidat

Gość

tia

Ciotka

oncle

Wujek

germà

Brat

germana

Siostra

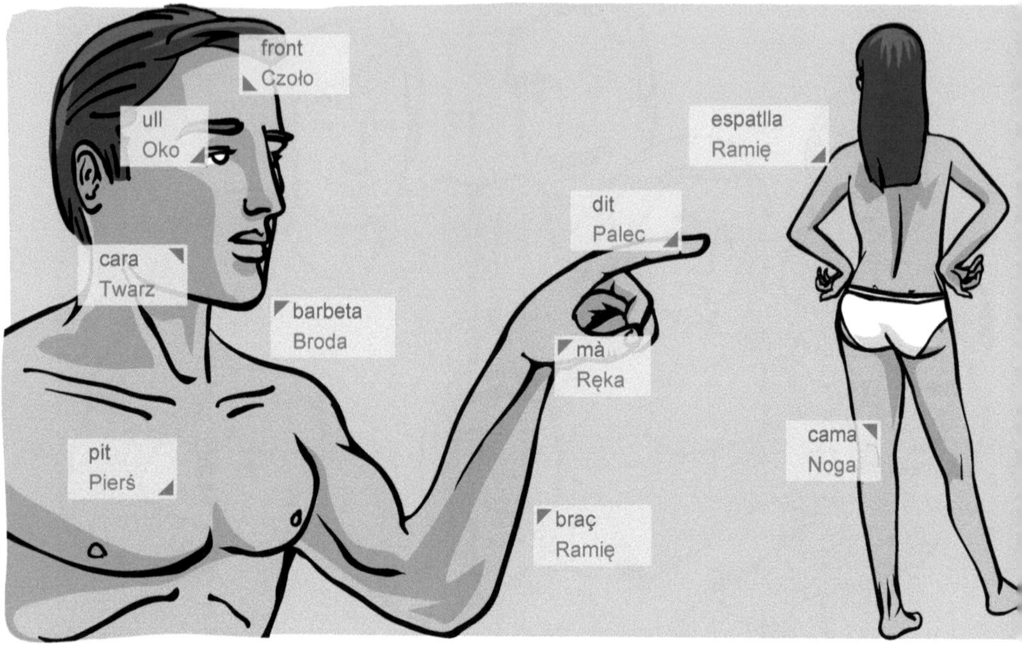

front
Czoło

ull
Oko

espatlla
Ramię

dit
Palec

cara
Twarz

barbeta
Broda

mà
Ręka

pit
Pierś

cama
Noga

braç
Ramię

nadó

Niemowlę

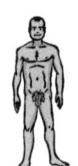

home

Mężczyzna

dona

Kobieta

noia

Dziewczyna

noi

Chłopiec

cap

Głowa

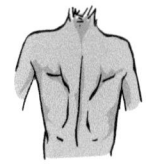

esquena

Plecy

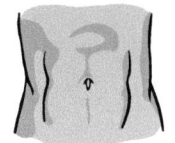

panxa

Brzuch

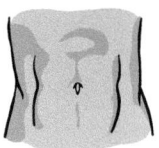

melic

Pępek

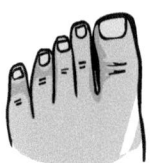

dit gros del peu

palec nogi

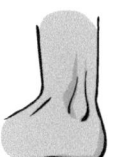

taló

Pięta

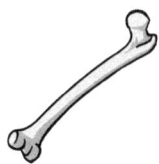

os

Kość

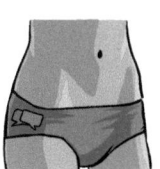

maluc

Biodro

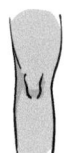

genoll

Kolano

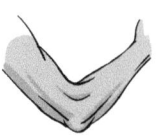

colze

Łokieć

nas

Nos

cul

Pośladki

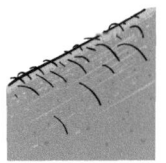

pell

Skóra

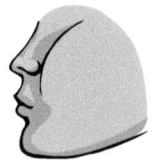

galta

Policzek

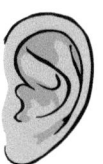

orella

Uszy

llavi

Warga

boca

Usta

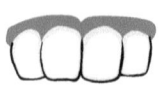

dent

Ząb

llengua

Język

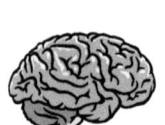

cervell

Mózg

cor

Serce

múscul

Mięsień

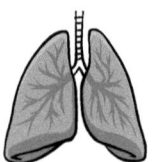

pulmó

Płuca

fetge

Wątroba

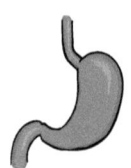

estómac

Żołądek

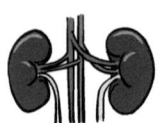

ronyó

Nerki

relació sexual

Stosunek płciowy

preservatiu

Kondom

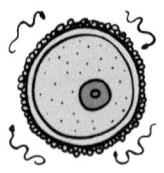

ovari

Komórka jajowa

semen

Sperma

prenyat

Ciąża

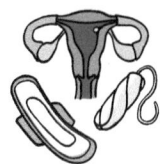

menstruació
....
Menstruacja

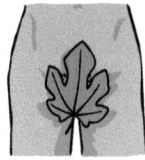

vagina
....
Wagina

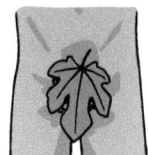

penis
....
Penis

cella
....
Brew

cabells
....
Włosy

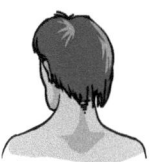

coll
....
Szyja

hospital
Szpital

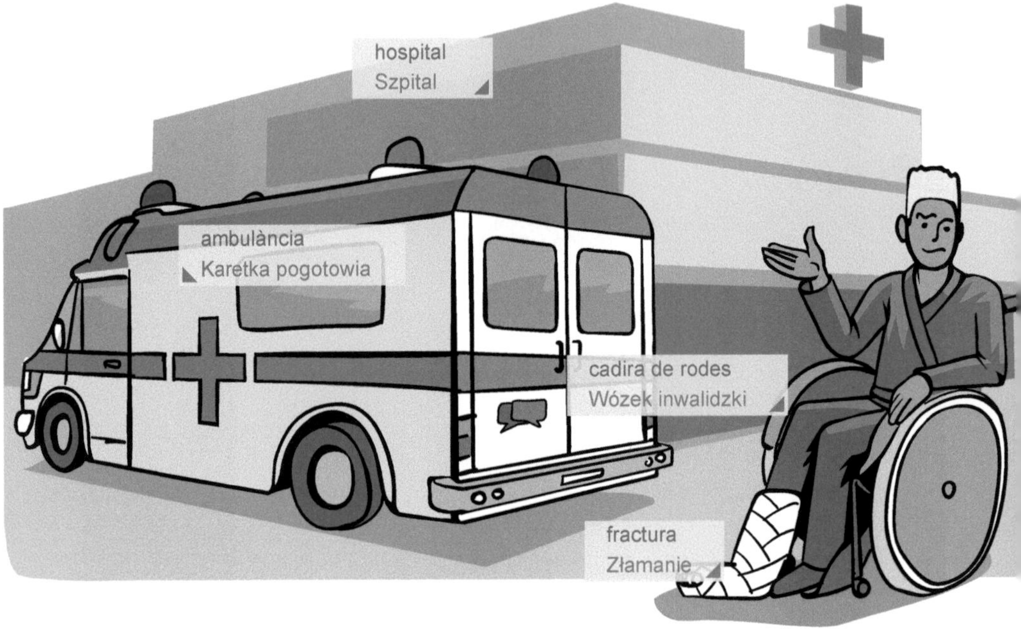

hospital
Szpital
ambulància
Karetka pogotowia
cadira de rodes
Wózek inwalidzki
fractura
Złamanie

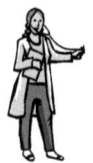

doctora

Lekarz

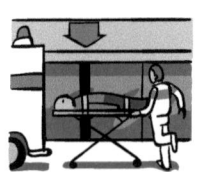

sala d'urgències

Izba przyjęć

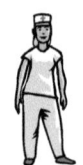

infermera

Pielęgniarka

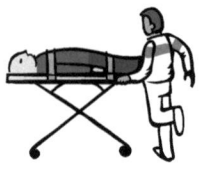

urgència

Nagły przypadek

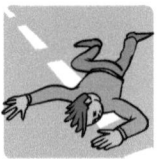

inconscient

nieprzytomny

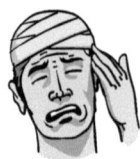

dolor

Ból

ferida

Skaleczenie

sagnament

Krwawienie

atac de cor

Zawał serca

apoplexia

Udar mózgu

al·lèrgia

Alergia

tos

Kaszleć

febre

Gorączka

gripa

Grypa

diarrea

Biegunka

mal de cap

Ból głowy

càncer

Rak

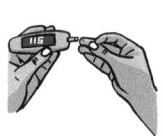

diabetis

Cukrzyca

cirurgià

Chirurg

escalpel

Skalpel

operació

Operacja

tomografia computada (TC), TAC

....

CT

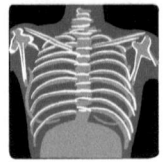

raigs x

....

Rentgen

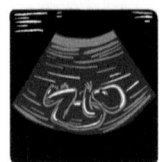

ultrasò

....

Ultradźwięki

mascareta

....

Maska

malaltia

....

Choroba

sala d'espera

....

Poczekalnia

crossa

....

Kula

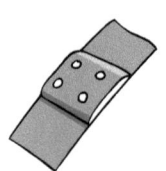

tireta

....

Plaster

embenat

....

Opatrunek

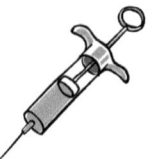

injecció

....

Iniekcja

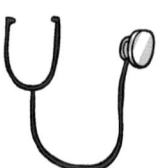

estetoscopi

....

Stetoskop

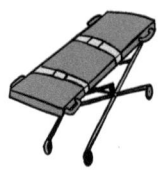

llitera

....

Nosze

termòmetre clínic

....

Termometr

pariment

....

Poród

sobrepès

....

Nadwaga

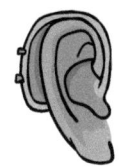

aparell auditiu

Aparat słuchowy

desinfectant

Środek dezynfekcyjny

infecció

Infekcja

virus

Wirus

VIH / SIDA

HIV / AIDS

medicina

Medycyna

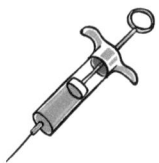

vaccí

Szczepienie

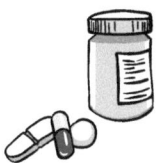

comprimits

Tabletki

píl·lola

Pigułka

trucada d'urgència

Telefon ratunkowy

tensiòmetre

Ciśnieniomierz krwi

malalt / sà

chory / zdrowy

Socors!

Pomocy!

alarma

Alarm

assalt

Napad

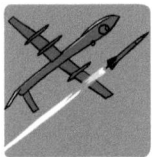

atac

Atak

perill

Niebezpieczeństwo

sortida-eixida d'urgència

Wyjście awaryjne

Foc!

Pożar!

extintor

Gaśnica

accident

Wypadek

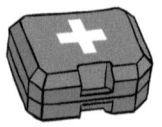

farmaciola de primers
auxilis

Walizeczka pierwszej
pomocy

SOS

SOS

policia

Policja

Europa

Europa

Amèrica del Nord

Ameryka Północna

Amèrica del Sud

Ameryka Południowa

Àfrica

Afryka

Àsia

Azja

Austràlia

Australia

Atlàntic

Atlantyk

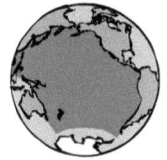

Pacífic

Pacyfik

Oceà Índic

Ocean Indyjski

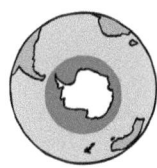

Oceà Antàrtic

Ocean Antarktyczny

Oceà Àrtic

Ocean Arktyczny

pol nord

Biegun północny

pol sud

Biegun południowy

Antàrtida

Antarktyda

terra

Ziemia

país

Kraj

mar

Morze

illa

Wyspa

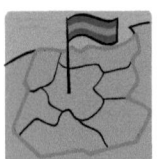

nació

Naród

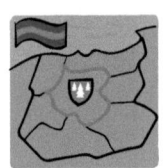

estat

Państwo

quadrant
Cyferblat

agulla de les hores
Wskazówka godzinowa

agulla dels minuts
Wskazówka minutowa

agulla dels segons
Wskazówka sekundowa

Quina hora és?
Która godzina?

dia
Dzień

temps
Czas

ara
teraz

rellotge digital
Zegarek digitalny

minut
Minuta

hora
Godzina

setmana
Tydzień

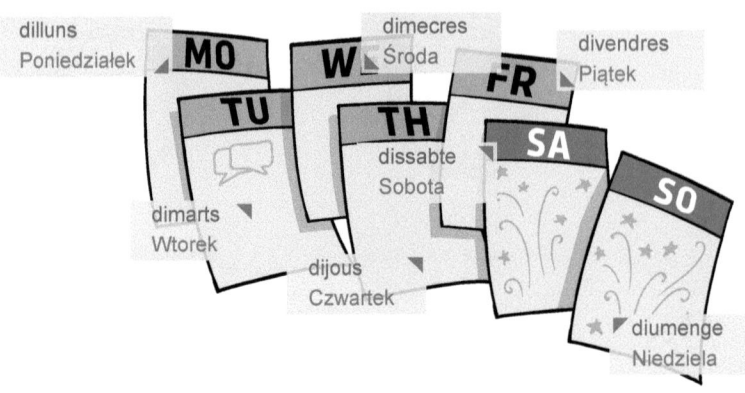

dilluns
Poniedziałek

dimarts
Wtorek

dimecres
Środa

dijous
Czwartek

divendres
Piątek

dissabte
Sobota

diumenge
Niedziela

ahir

wczoraj

avui

dzisiaj

demà

jutro

matí

Rano

migdia

Południe

tarda

Wieczór

dia feiner

Dni robocze

cap de setmana

Weekend

pluja
Deszcz

arc de Sant Martí
Tęcza

neu
Śnieg

vent
Wiatr

primavera
Wiosna

tardor
Jesień

estiu
Lato

hivern
Zima

4.APRIL	11°	☀
5.APRIL	4°	🌧
6.APRIL	13°	🌧
7.APRIL	8°	❄
8.APRIL	10°	☀

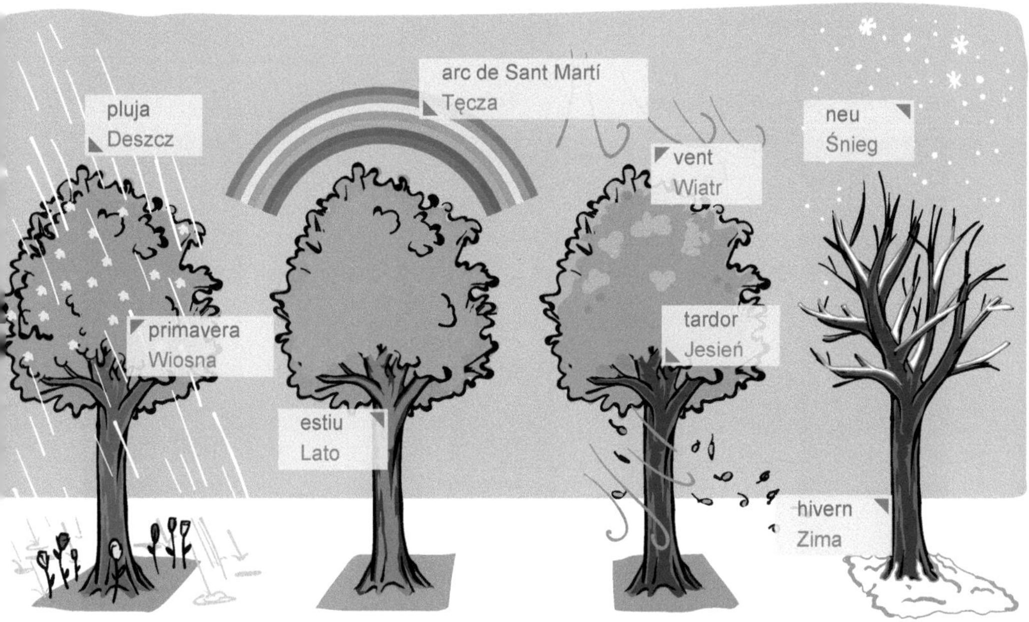

pronòstic del temps
·················
Prognoza pogody

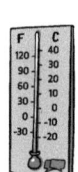

termòmetre
·················
Termometr

llum del sol
·················
Światło słoneczne

núvol
·················
Chmura

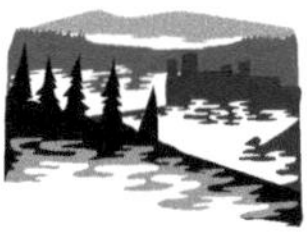

boira
·················
Mgła

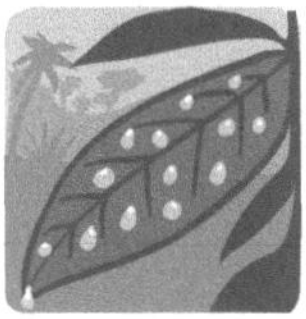

humiditat de l'aire
·················
Wilgotność powietrza

llamp

Błyskawica

tro

Grzmot

tempesta

Sztorm

calamarsa

Grad

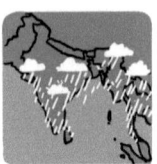

monsó

Monsun

inundació

Potop

gel

Lód

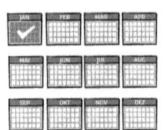

gener

Styczeń

febrer

Luty

març

Marzec

abril

Kwiecień

maig

Maj

juny

Czerwiec

juliol

Lipiec

agost

Sierpień

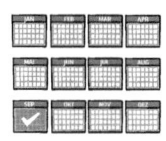

setembre

Wrzesień

octubre

Październik

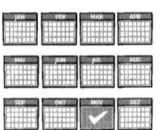

novembre

Listopad

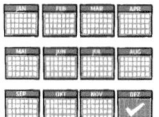

desembre

Grudzień

formes

Kształty

cercle

Koło

quadrat

Kwadrat

rectangle

Prostokąt

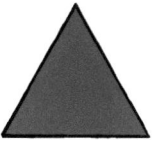

triangle

Trójkąt

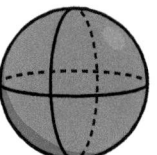

esfera

Kula

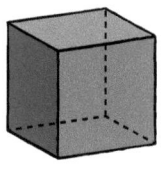

cub

Sześcian

blanc
biały

groc
żółty

taronja
pomarańczowy

rosa
różowy

vermell
czerwony

lila
liliowy

blau
niebieski

verd
zielony

marró
brązowy

gris
szary

negre
czarny

molt / poc

dużo / mało

emprenyat / tranquil

wściekły / spokojny

bonic / lleig

piękny / brzydki

començament / fi

początek / koniec

gran / petit

duży / mały

clar / fosc

jasny / ciemny

germà / germana

brat / siostra

net / brut

czysty / brudny

complet / incomplet

kompletny / niekompletny

dia / nit

dzień / noc

mort / viu

umarły / żywy

ample / estret

szeroki / wąski

comestible / immenjable

jadalny / niejadalny

dolent / amable

zły / uprzejmy

entusiasmat / entediat

podniecony / znudzony

gros / prim

gruby / chudy

primer / darrer

najpierw / na końcu

amic / enemic

przyjaciel / wróg

ple / buit

pełen / pusty

dur / tou

twardy / miękki

pesant / lleuger

ciężki / lekki

gana / set

głód / pragnienie

malalt / sà

chory / zdrowy

il·legal / legal

nielegalny / legalny

intel·ligent / ximple

inteligentny / głupi

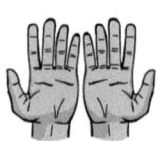

esquerra / dreta

lewo / prawo

prop / llunyà

bliski / daleki

nou / usat

nowy / używany

res / quelcom

nic / coś

vell / jove

stary / młody

encès / apagat

włącz / wyłącz

obert / tancat

otwarty / zamknięty

silenciós / sorollós

cichy / głośny

ric / pobre

bogaty / biedny

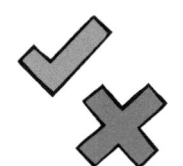

correcte / incorrecte

prawidłowy / błędny

aspre / suau

chropowaty / gładki

trist / content

smutny / szczęśliwy

curt / llarg

krótki / długi

lent / ràpid

powolny / szybki

humit / sec - eixut

mokry/suchy

calent / fred

ciepły / chłodny

guerra / pau

wojna / pokój

0

zero

zero

1

u

jeden

2

dos

dwa

3

tres

trzy

4

quatre

cztery

5

cinc

pięć

6

sis

sześć

7

set

siedem

8

vuit

osiem

9

nou

dziewięć

10

deu

dziesięć

11

onze

jedenaście

12

dotze

dwanaście

13

tretze

trzynaście

14

catorze

czternaście

15

quinze

piętnaście

16

setze

szesnaście

17

disset

siedemnaście

18

divuit

osiemnaście

19

dinou

dziewiętnaście

20

vint

dwadzieścia

100

cent

sto

1.000

mil

tysiąc

1.000.000

milió

milion

anglès

Angielski

anglès americà

Angielski amerykański

xinès mandarí

Chiński mandaryński

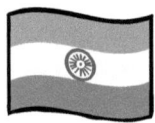

hindi

Hindi

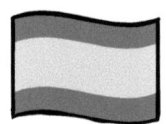

espanyol

Hiszpański

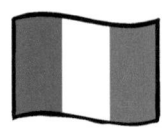

francès

Francuski

àrab

Arabski

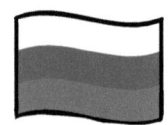

rus

Rosyjski

portuguès

Portugalski

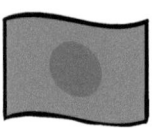

bengalí

Bengalski

alemany

Niemiecki

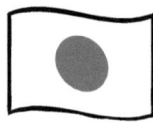

japonès

Japoński

jo

ja

tu

ty

ell / ella / allò

on / ona / ono

nosaltres

my

vosaltres

wy

ells

oni

qui?

kto?

què?

co?

com?

jak?

on?

gdzie?

quan?

kiedy?

nom

Nazwisko

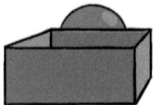

darrere

za

en

w

davant de

przed

damunt

powyżej

sobre

na

sota

pod

al costat

obok

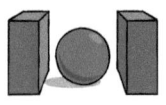

entre

między

lloc

Miejsce